김병완의 결정책 시리즈 10부작 제6권

# 결정적 순간의 책읽기

인생의 결정적인 순간에 위기 대처
능력을 향상시켜 주는 책(冊) 읽기

김병완

플랫폼연구소

< 김병완의 결정책 시리즈 10부작 제6권 >

# 김병완의 결정적 순간의 책(冊) 읽기_6권
## 실패에 지쳤을 때 _ 성공하고 싶다면

인생의 결정적인 순간에 위기 대처 능력을 향상시켜 주는 책(冊) 읽기

“ 책이 없는 궁전에 사는 것보다 책이 있는
마구간에 사는 것이 낫다.”

_ 서양 격언.

# 프롤로그_ 책은 인생을 밝혀주는 등불이다.

‘책을 잘 읽고 산다는 것은, 경이로운 세상에 눈을 뜨고 매일매일 세상과 나 자신의 잠재력에 대해 새로운 것들을 배우며 정신적으로 한 차원 높은 삶을 살아가는 것이다.’

<전략적 책읽기>의 저자 스티브 레빈의 이 말처럼 책을 잘 읽고 산다는 것은 자신의 한계를 훌쩍 뛰어넘어 한 차원 높은 삶을 살아가는 것이라고 말할 수 있다. 그런 점에서 책읽기는 기적을 창출해 내는 기적 그 자체이다.

책이 아니라면 우리는 과거에 살았던 수많은 현인의 지혜와 통찰력에 대해 알 수 없었을 것이고, 생각의 재료가 되는 지식을 축적하지도 못했을 것이며 생각의 계기가 되어 주는 역사와 이야기를 많이 접하지도 못했을 것이다.

부침이 많은 것이 바로 우리의 인생이다. 이러한 인생을 살아 나가다 보면 때로는 억장이 무너질 만큼 아프고 당황스럽고 어찌해야 할 바 몰라 발만 동동 구르면서도 아무것도 할 수도 없었고, 무엇을 어떻게 해야 하는지도 몰라서 더 힘들었던 시기를 경험하게 된다.

이 책은 바로 이러한 절체절명 위기의 순간 혹은 인생에 찾아오는 결정적인 순간에 꼭 읽어봐야만 하는 책들에 관한 이야기이다. 만약에 그 위기의 순간 혹은 결정적인 순간에 이 책을 읽었었더라면 좀 더 지혜롭고 의연하게 잘 대처해 나갔을 것이고, 그러한 조금의 차이는 긴 인생을 살면서 모이고 쌓여서 인생의 성공과 실패를 결정짓게 되는 중요한 차이가 되어 우리에게 보상해 줄 것이다.

그런 점에서 책을 읽으면서 살아가는 사람들과 책과 동떨어져서 살아가는 사람의 삶은 보이지 않는 큰 간격이 생길 수밖에 없는 것이다.

중요한 사실은 인류가 가진 부의 대부분을 소유하고 운용하고 있는 사람들은 후자가 아니라 전자들이며, 새로운 부를 창출해 내는 사람들도 또한 바로 그들이라는 점은 우리에게 책은 선택이 아니라 인생을 제대로 잘 살아가기 위해서는 꼭 필요한 필수 조건이라는 사실을 잘 보여주는 사례일 것이다.

위대한 발명가, 위대한 정치인, 위대한 대왕, 위대한 혁명가, 위대한 경영자, 위대한 방송인, 위대한 학자와 같은 위대한 인물 중에 책을 읽지 않은 인물들이 과연 있을까?

그렇다고 위대한 인물이 되기 위해서 책을 읽어야 한다고 말하는 것은 아니다.

이 책의 존재 목적은 버트런드 러셀이 한 말에 토대를 두고 있다.

“ 내게 좋은 책을 알려주는 사람이 있었다면, 이렇게 오랜 시간에 걸쳐 시행착오를 하지 않았을 텐데 .......”

바로 이것이다. 당신에게 그것도 결정적 순간에 당신이 오랜 시간에 걸쳐 시행착오를 하지 않을 수 있도록 좋은 책을 알려 주는 것이다. 이것이 바로 이 책의 목적이다. 그렇기 때문에 이 책은 처음부터 끝까지 순서대로 읽어야 하는 그런 책이 아니다. 자신의 인생이 현재 직면하고 있는 상황에 맞추어 필요한 부분을 읽어서 자신이 처한 결정적 순간에 읽었을 때 가장 유익하고 도움이 되는 그런 좋은 책에 대해 알게 해 주는 그런 책이다.

책이 책을 읽는다는 말이 있듯이, 이 책은 또 다른 책을 읽게 만드는 그런 책의 구실을 톡톡

하게 해 낼 것이라고 믿는다.

책을 읽는다는 것은 인간만이 누릴 수 있는 특권이며 사치 중 사치라고 할 수 있다. 당신은 이러한 사치와 특권을 누릴 자격이 있다. 과거 중세 시대에는 최고의 특권층만이 책에 접근할 수 있었다는 사실을 생각해 보면, 지금 이 시대에 살고 있는 것만으로도 우리는 행복한 사람임에 틀림없다.

‘좋은 책을 읽는 것은 지난 몇 세기에 걸쳐 가장 훌륭한 사람들과 대화하는 것과 같다.’ 라고 말한 데카르트는 책의 위력과 유익함을 너무나 잘 알고 있었던 현인 중 한 명이었다. 당신도 이제 지난 몇 세기에 걸쳐 가장 훌륭한 사람들과 더 많은 대화를 나누는 그런 기회를 지금까지보다 더 많이 가져 보기를 바란다.

책은 인류가 힘겹게 오랜 시간 걸어오면서 쌓아 올린 사색의 결정체이며 인생을 밝혀주는 등불이다. 책은 궁지에 몰린 이에게는 새로운 돌파구를 발견할 수 있게 해 주는 돌파구이며, 어떤 시련과 역경도 헤쳐 나갈 수 있게 해 주는 원동력이다.

책은 비탄에 빠진 사람에게는 위안이 되며, 절망한 사람들에게는 용기가 되며, 방황하는 이들에게는 인생의 나침반이 되어 주며, 세상에 지친 이들에게는 오아시스가 되어 주며, 가난한 이들에게는 부자가 되는 길을 제시해 주고, 실패한 이들에게는 성공할 수 있는 길을 제시해 준다.

이런 이유와 근거를 토대로 필자는 장담할 수 있다.

" 이 세상에서 책을 읽는다는 것은 최고의 특권이며, 사치이며, 축복이다. "

목차

변혁의 시대에 자기 혁명은 선택이 아니라 필수이다.

< 꿀벌과 게릴라 >

_ 게리 해멀

약자는 기회를 기다리지만, 강자는 기회를 만든다.

< 성공학 >

_ 천따웨이

에필로그 _ 책은 삶의 특권이며 최고의 사치이며 향락이다.

“나는 한 시간의 독서로 누그러들지 않는
어떤 슬픔도 알지 못한다.”
– 몽테스키외 –

## 제6장. 실패에 지쳤을 때 _ 성공하고 싶다면

“ 성공한 사람들을 보면 반드시 공통점이 있다. 그가 갖고 있는 재능의 바탕에는 반드시 좋은 의미의 둔감력(鈍感力)이 있다는 것이다. 인간관계나 세상에 대해 약방의 감초처럼 발휘되는 그의 둔감함은 대체로 자신의 본래 재능을 더 크게 키우고 자신의 능력과 힘을 널리 퍼뜨리는 최대의 원동력이다.” < [둔감력], 12쪽 >

“ 진보의 시대는 끝났다. 르네상스 시대에 태동한 진보의 개념은 계몽주의 시대에 활발한 논의가 이루어졌고, 산업사회에 이르러 절정에 도달했다가 21세기의 도래와 함께 역사 속으로 사라졌다. 사실 수천 년이라는 영겁의 세월 동안 인류에게 진보란 없었다. 단지 역사의 순환만이 있었을 뿐이다. 시절이 변하고 세대가 바뀌었지만 삶은 나아지지 않고 유사한 형태로 끊임없이 반복되었을 뿐이다. 과거와 미래를 구별하기 어려운 상황에서 미래는 과거의 연장일 뿐, 진정한 의미의 미래란 없었다.” < 게리 해멀, [꿀벌과 게릴라], 23쪽 >

" 한 인간의 존재를 결정짓는 것은

그가 읽은 冊과 그가 쓴 글이다. "

– 도스토예프스키 –

내면으로부터의 변화가 성공을 이끈다.

< 성공하는 사람들의 7가지 습관>

_스티븐 코비

“ 우리의 성품은 근본적으로 습관의 복합체이다. 우리가 생각의 씨앗을 뿌리면 행동의 열매를 얻게 되고, 행동의 씨앗을 뿌리면 습관의 열매를 얻는다. 습관의 씨앗은 성품을 얻게 하고, 성품은 우리의 운명을 결정짓는다.” < 64쪽>

성공하는 사람들은 모두 7가지의 공통적인 습관을 가지고 있다고 한다. 그리고 그들의 성공의 시작점은 그들의 내면으로부터라고 한다. 참된 변화는 내면에서부터 시작되어야 하기 때문이다.

그래서 이 책의 저자는 7가지 습관에 대해 소개하기 전에 먼저 내면으로부터의 변화와 시작을 강조하면서 패러다임에 대해 조언을 아끼지 않는 다. 패러다임이 바뀔 때 얼마나 큰 위력이 발생하는 지에 대해 주장한다.

세상을 바라보는 관점이 바뀔 때 모든 것이 순식간에 바뀔 수 있다. 우리의 태도나 행동의 근본 뿌리는 여기에 있는 것이다. 헨리 데이비드 소로는 ‘악의 이파리를 수천 개 잘라내는 것보다 뿌리를 한 번 잘라내는 것이 더 낫다.’ 고 말했듯이, 우리의 태도나 행동을 변화시키기 위해 눈에 보이는 행동 그 자체들을 일일이 변화시키려고 노력하는 것을 그만두고, 그 대신 태도나 행동의 근본 뿌리인 패러다임을 변화시킬 때 우리는 비로소 획기적인 변혁을 이룩할 수 있게 될 뿐만 아니라 성공하는 사람들이 가지고 있는 습관들을 자신의 것으로 만들 수 있게 된다.

이 책의 저자는 어느 일요일 아침 뉴욕의 조용한 지하철 안에서 갑자기 전철을 탄 중년 남자와 그의 아이들이 지하철의 분위기를 엉망이 되게 하는 경험을 했다. 지하철 안에서 조용한 분위기를 누리던 모든 승객들에게 가장 큰 문제는 아이들이 시끄럽게 떠드는 것이었다. 그래서 이 책의 저자는 그 중년 남자에게 아이들을 좀 조용히 시켜 달라고 요청을 했다.

그 말을 듣고 그제야 중년 남자는 그 상황을 처음으로 인식할 수 있었고, 한 마디의 말을 내뱉었다. 놀라운 사실은 그 한 마디가 지하철의 모든 승객들의 패러다임, 세상과 상황을 바라보는 관점을 180도 달라지게 했고, 그 결과 더 이상 아이들이 시끄럽게 떠드는 것이 문제도 아닌 것으로 모든 것이 순식간에 바뀌게 만들어 버렸다는 것이었다.

그 중년 남자가 내뱉은 말은 간단히 요약하면, 저 아이들의 엄마가 한 시간 전에 죽었고, 그래서 자신도 지금 앞이 캄캄해서 아무 정신이 없는 상태여서, 무엇을 어떻게 해야 할지 막막하다는 것이었다.

이처럼 패러다임에 의해서 우리는 세상을 보는 관점이 달라지고, 우리가 생각하는 문제의 범위와 정도가 달라진다. 문제 그 자체가 문제가 아니라, 우리가 문제를 문제로 인식하고 바라 볼 때 그것이 문제가 되는 것이다. 우리가 수준이 높고, 의식과 생각의 차원이 높고, 크다면, 웬만한 문제들은 문제가 되지도 않는다. 그 결과 똑같은 상황에서 똑같은 일을 겪게 된 두 사람이 있다고 해도, 한 사람은 그것 때문에 분노하고 당황하고 흔들리고 좌절하지만, 다른 한 사람은 한 번 웃고 넘겨 버리는 것이다.

성공하는 사람들의 첫 번째 습관은 주도적인 말을 하고, 주도적인 행동을 하며, 매우 적극적인 사람으로 살아가는 습관이다. 무엇을 하든

피동적이고 소극적인 사람이 되지 말고, 능동적이고 적극적인 사람이 성공하는 사람들에게서 찾아 볼 수 있는 공통적인 유형의 사람이다.

주도적인 사람이 되기 위해서는 무엇보다도 자신감이 중요하다. 자신감을 가지기 위해서는 자신에 대한 생각과 세상을 바라보는 패러다임을 변화시킬 줄 알아야 한다. 그만큼 패러다임의 전환은 습관의 전환을 위해서도 매우 중요하다는 사실을 다시 한 번 알 수 있다.

이 책에서 제시하는 성공하는 사람들의 두 번째 습관은 끝을 생각하며 시작하는 습관이다. 결국 이러한 습관은 종합적인 사고를 할 때 가능하다는 것을 명심해야 한다. 종합적인 사고를 통해 이미 만들어진 자기 자신을 재창조 할 수 있어야 한다. 자신의 사명을 창조하고, 자신의 인생의 각본을 써 보라고 이 책의 저자는 조언한다.

성공하는 사람들의 세 번째 습관은 시간의 중

요성을 인식하고, 자신에게 소중한 것들을 먼저 하는 습관이다. 시간은 사용할 수는 있지만 소유할 수는 없는 자원이다. 시간은 쓰면 쓸수록 중요한 것을 알지만, 낭비하면 할수록 그 가치를 깨닫지 못하게 되는 자원이다. 그렇기 때문에 시간을 잘 활용할 수 있는 사람은 1분 1초도 아끼면서 살아간다. 하지만 시간의 소중함을 모르는 이들은 시간을 낭비하면서도 아까운 줄을 모른다. 결국 성공하는 사람들일수록 더욱 더 일분일초도 낭비하지 않으려고 하는 경향이 있고, 이런 사람들일수록 더욱 더 성공하게 되는 것이다.

성공하는 사람들의 네 번째 습관은 인간관계에서 자기 자신만의 이익을 생각하는 것이 아니라 상대방의 이익까지 함께 생각하는 습관이다. 이런 습관을 '윈win-윈 win적 사고' 습관이라고 할 수 있다. 결국 인간관계의 승자는 눈앞의 이익이나 자신의 이익만을 밝히는 사람이 절대 아니다. 상대방을 더 배려하기 위해 자신의 손해도 감수하는 그런 사람이 인간관계를 통해 큰 유익을 얻게 되는 사람이다.

성공하는 사람들의 다섯 번째 습관과 인간관계와 관련된 습관이다. 상대방을 이해시키기보다 먼저 자신이 상대방을 이해하는 습관은 소통이 중요하다는 것을 의미하기도 한다. 소통의 고수가 되기 위해서는 말을 잘 하는 것보다 경청하는 것이 더 중요한 이유가 바로 이것이다. 말을 잘 하는 것이 3이라면 경청은 7정도의 비중이 있다는 사실을 명심해야 할 것이다.

성공하는 사람들의 여섯 번째 습관은 시너지를 내는 습관이다. 이것은 자신이 무엇을 추진하더라도 혼자서는 최고의 성과를 낼 수 없다는 사실을 의미한다. 모든 자연이 시너지를 가장 많이 내는 시스템과 구조로 운영되고 있음을 우리는 알아야 한다. 혼자서는 절대로 아무것도 할 수 없다. 더욱이 독불장군이 되면 사회생활에서 절대로 성공할 수 없다. 독불장군이 된다해도 시너지 효과를 염두에 두고 움직여야 한다.

그리고 그렇게 하기 위해서 필요한 것은 서로가 다르다는 차이점을 인식하고, 그 차이점이 시너지 효과를 내어야 하는 이유이며, 시너지 효과의 중요성에 대한 이유임을 우리는 알아야 한다. 모든 사람이 다 동일하다면 시너지 효과는 사라지게 될 것이기 때문이다. 서로 다르다는 것은 하나로 뭉쳐졌을 때 더 새롭고 놀라운 것으로 전환이 될 수 있다는 것을 의미하기 때문이다.

개인적으로 성공하는 사람들의 일곱 가지 성공 습관 중에서 가장 중요한 습관이라고 생각하는 것이 바로 일곱 번째 습관이다. 일곱 번째 습관은 '끊임없이 쇄신하는 습관' 이다. 성공이 일회용으로 끝나버리게 되면 그 성공은 초라하기 그지없게 된다. 하지만 실패를 하더라도 그 다음에 성공을 하게 되면 그 실패조차도 아름답게 여겨지게 된다. 그렇기 때문에 초반에 성공을 하느냐 실패를 하느냐는 중요하지 않다.

중요한 것은 후반에 큰 성공을 하는 것이고, 지

속적으로 성장과 발전을 하는 것이다. 그리고 그렇게 하기 위해서는 자신의 심신을 끊임없이 쇄신해야 한다. 이 책의 저자는 쇄신의 방법으로 기도나 명상, 운동과 봉사활동, 고무적인 독서를 추천하고 있다. 필자는 개인적으로 공부와 기도나 명상, 그리고 운동과 사회 활동을 들고 싶다.

이 책을 읽게 되면 자신과 자신의 삶을 좀 더 통합적으로 바라 볼 수 있게 되고, 자신의 사고를 종합적인 사고로 전환시킬 수 있게 된다. 그리고 무엇보다도 이 책의 가장 큰 유익함은 패러다임의 전환이 이루어 질 수 있다는 것이다. 내면으로부터의 생각의 전환은 그 어떤 습관보다도 강력하다. 사실상 모든 습관의 변화는 내면으로부터의 전환을 통해 비로소 가능해진다고 말해도 과언이 아닐 것이다.

이 책을 통해 얻을 수 있는 가장 큰 유익함은 패러다임의 전환에 대한 새로운 인식이다. 패러다임의 전환은 오롯이 자신의 내면에서 비롯되는 것이다. 그리고 그러한 내면의 변화는 우리의 습관을 변화시킬 수 있고, 그것은 나아가서 우리의 인생을 전부 변화시킬 수 있게 되는 것이다.

성공하는 사람들의 가지고 있는 공통적인 습관을 완벽하게 자신의 습관으로 만들어 버린다고 해서 누구나 성공할 수 있게 되는 것은 아닐 것이다. 하지만 행운도 이런 사람들에게 더 많이 있게 될 것이라는 사실은 의심의 여지가 없을 것이다. 하늘도 스스로 돕는 자를 돕는다는 말을 명심하자.

성공하는 사람들에게는 그들만의 습관이 있다. 그들이 가진 습관을 가진다고 다 성공할 수 있는 것은 아니지만, 성공한 사람들은 모두 그런 습관들을 가지고 있다는 사실을 명심하자.

"내가 세계를 알게 된 것은 책에 의해서였다."

_ 장 폴 사르트르

자아이미지를 바꾸면 성공할 수 있다.

< 맥스웰 몰츠 성공의 법칙 >

_ 맥스웰 몰츠

“ 자아이미지에 대한 가장 중요한 진실은 변할 수 있다는 것이다! 수많은 사건과 사례들은 나이에 상관없이 자아 이미지를 변화시킬 수 있음을 보여 준다. 다시 말해서 너무 어리거나 혹은 너무 나이가 들어서 자아 이미지를 바꿀 수 없는 것은 아니다. 누구나 자아 이미지의 변화를 통해 새로운 인생을 시작할 수 있는 것이다!”
< 40쪽 >

우리 모두는 자신의 한계를 뛰어넘고, 도약을 하기를 원한다. 하지만 자신의 한계를 뛰어넘는다는 것은 말 그대로 쉬운 일이 아니다. 하지만 자신의 한계를 뛰어넘을 수 있는 가장 확실하고 강력한 무기가 있다. 그리고 그것은 바로 '자아 이미지의 활용'이다.

좀 더 구체적으로 말하면, 자아 이미지를 바꿈으로써 우리는 어제까지의 자신을 뛰어넘을 수 있고, 자신의 한계를 능가할 수 있게 된다는 것이다. 이 책의 핵심이 바로 이것이다. 우리 모두는 이미 성공 할 수 있게 되는 메커니즘을 가지고 있다는 것이다. 하지만 그 메커니즘을 제대로 활용하지 못 하고 낭비해 버리고 있다.

부정적인 상상력과 생각은 우리들에게 매우 치명적인 결과를 낳는 다. 그래서 부정적인 생각에 사로잡혀서 부정적인 최면에 걸리게 되면 하룻밤 사이에 스무 살도 더 먹고 폭삭 늙어 버리는 사람도 있다. 물론 하룻밤 사이에 머리가 백발로 변하는 사람도 있다.

이와 반대로 실패와 무능으로 점철된 부정적인 자아 아미지에서 탈피하여 자아를 긍정하는 자아 이미지를 가지게 되는 사람들은 성공의 스위치를 켠 것과 다를 바 없다. 그렇기 때문에 모든 자기 혁신과 성공적인 삶은 자아 이미지를 바꾸는 것에서 비롯된다고 말할 수 있다.

자아 이미지는 성공 여부에 직접적인 영향을 미친다. 자아 이미지가 확고하고 긍정적일수록 성공할 확률은 높아진다. 유전이나 천부적인 재능 따위는 그들의 성공과는 거의 또는 전혀 연관이 없다고 이 책의 저자는 강조한다.

이 책을 통해 우리가 반드시 배워야 할 교훈은 '자신을 성공적인 사람이라고 상상하는 것의 중요성' 일 것이다.

이 세상에는 너무나 많은 사람들이 살아가고 있고, 그로 인해 우리는 경쟁 사회 속에서 살아가고 있는 것도 사실이다. 하지만 우리가 명심

해야 할 것은 자신이 의도하지 않았음에도 경쟁에서 남들보다 특출하지 않는 이상 성공은 먼 나라의 이야기에 불과하게 된다는 것이다.

남들보다 특출하기 위해서 가장 필요한 것이 바로 이 책에서 제시하는 성공의 법칙인 '긍정적이고 확고한 자아 이미지' 인 것이다. 우리의 행동과 느낌과 태도가 스스로 만들어낸 자아 이미지의 결과라고 이 책의 저자는 강조한다.

그렇다면 우리가 우리 스스로의 자아 이미지를 바꾸면 우리의 행동과 느낌과 태도가 바뀌게 되는 것이라는 사실을 알 수 있다. 결국 성공과 실패를 결정하는 것은 우리의 행동과 태도이며, 그것을 결정하는 것은 우리의 자아 이미지이고, 우리의 자아 이미지를 결정하는 것은 우리의 생각과 마음인 것이다. 궁극적으로 우리의 성공과 실패는 우리의 생각과 마음이 만들어 놓은 자아 이미지에서 비롯되는 것임을 우리는 이해 할 수 있다.

이 책에는 너무나 많은 내용들이 소개되기 때문에 자기계발서의 종합서라고 할 수 있다. 다른 종류의 자기계발서는 더 이상 필요 없을 것 같다는 생각마저 들게 할 정도로 이 책은 성공하기 위해 필요한 법칙과 원리들이 대부분 담겨 있다.

이 책에서 주장하는 최고의 방법은 자기 자신의 과거의 실패나 경험에서 벗어나 최고의 능력을 발휘해 내는 자신의 모습을 상상하고, 반드시 성공할 것이라는 확고한 신념 아래 행동하는 것이다. 그렇게 행동한다는 것은 자신이 성공한 사람처럼, 혹은 성공할 사람처럼 생각하고 행동한다는 것을 의미하기도 한다.

우리가 좀 더 성공한 사람처럼 생각하고 행동한다면 우리는 우리 자신에 대한 자아이미지 역시 자연스럽게 성공적으로 전환 할 수 있게 될 것이다. 긍정적이고 올바른 자아이미지를 가지고 있을 때, 골프를 하거나, 피아노를 칠 때 큰 효과를 볼 수 있다고 한다.

이 책을 통해 필자가 얻은 가장 큰 개인적인 교훈은 긍정적인 자아 이미지가 성공의 비결일라는 핵심적인 내용과는 약간 동떨어진 것이다. 성공과 행복은 정신적 습관이며, 행복은 그 자체로 훌륭한 치료약이라고 말하는 내용에서 조금 더 큰 교훈을 얻은 것이 사실이다.

행복할 때 우리는 생각하는 수준이 높아지고, 행동하고 느끼고 반응하는 수준도 높아진다. 그 결과 자연스럽게 인간관계가 좋아지고, 업무 성과가 향상 된다. 그렇다면 자기 자신이 행복하다고 긍정적으로 생각하는 것은 어떨까?

자신이 행복하다고 생각하고 앞으로도 계속해서 행복해 질 것이라고 생각하는 사람들은 실제로 그렇게 될 확률이 높다. 왜냐하면 성공이나 행복은 결국 마음먹기에 달려 있기 때문이다. 이것이 이 책의 핵심이다.

이 책에서 주장하는 자동 성공 메커니즘도 바로 이런 것과 동일하다. '나는 이러 이러한 사람이다.' 라고 긍정적인 진술을 반복하게 되면, 부정적 요소나 외부의 압력이 온다 해도 그것에 굴복하거나 흔들림 없이 자동적으로 반응할 수 있을 정도가 된다. 그렇게 되면, 소름끼칠 정도의 자기 부정의 파괴력으로부터 탈출하여, 기절할 만큼 놀라운 자기 긍정의 힘을 경험할 수 있게 될 것이다.

승리는 승리를 확신하는 사람에게 다가간다. 또한 성공은 성공을 확신하는 사람에게 다가간다. 당신은 얼마나 자신의 성공을 확신하고 있는 가? 당신이 아무리 열심히 일을 한다고 해도 일의 양이 당신의 성공을 보장해 주지 않는 다. 하지만 당신이 당신의 성공에 대해 확신하고 있다면 당신은 성공할 수 있게 된다.

신대륙이 있었기 때문에 신대륙을 발견할 수 있었던 것이 아니다. 신대륙이 존재한다는 사실에 대한 확고한 신념 때문에 신대륙을 인간이 발견해 낼 수 있었던 것이다. 신대륙에 대한 확신이 없었다면 바다 끝으로 나아가지도 안 했을 것이다. 신대륙에 대한 확신은 신대륙을 찾아서 출항할 수 있게 해 주었다는 점에서 신대륙을 발견할 수 있었던 것은 신대륙이 있었기 때문이 아니라, 신대륙에 대한 신념이 있었기 때문이다.

우리 인생도 이와 다르지 않다. 능력과 재능이 있기 때문에 성공할 수 있었던 것이 아니라 성공에 대한 확신이 있었기 때문에 실패를 이겨내며, 성공을 향해 끊임없이 도전하고, 무모한 것처럼 보이는 모험과 위험을 기꺼이 감수해 낼 수 있게 되었던 것이다. 그리고 그러한 도전과 모험, 불굴의 노력은 결국 성과를 창출해 낼 수밖에 없는 것이다.

이 책은 성공학 도서의 고전 중에 고전이라고 할 수 있다. 성공학의 뿌리와 근원에 대해서 알고 싶다면 이 책의 일독을 권해 주고 싶다. 이 책 한 권은 대충 웬만한 최근에 나오는 자기 계발서 열권의 몫 이상을 충분히 해 낼 것이라고 여겨지는 이유가 바로 이것이다.

“내가 세계를 알게 된 것은 책에 의해서였다.”

_ 장 폴 사르트르

거인과 성공한 사람들은 모두 둔감하다.

< 둔감력 >

_ 와타나베 준이치

“ 성공한 사람들을 보면 반드시 공통점이 있다. 그가 갖고 있는 재능의 바탕에는 반드시 좋은 의미의 둔감력(鈍感力)이 있다는 것이다. 인간관계나 세상에 대해 약방의 감초처럼 발휘되는 그의 둔감함은 대체로 자신의 본래 재능을 더 크게 키우고 자신의 능력과 힘을 널리 퍼뜨리는 최대의 원동력이다.” < 12쪽 >

우리 주위를 살펴보면 굉장히 예민한 사람들이 적지 않다. 누가 옆에서 사소한 잔소리를 한 마디 해도 그 말을 하루 종일 간직한 채 업무를 하나도 못 보는 그런 사람도 있고, 도서관에서 조금만 조용해달라는 말을 했다고 보따리를 싸서 도서관을 나가 버리는 사람도 있다.

기분 나쁜 것은 나쁜 것이지만, 그렇다고 하루 종일 공부를 하기 위해 아침 일찍부터 도서관에 와 놓고, 기분이 조금 상한다고 하루 공부를 접는다는 것은 정말 어리석은 선택이 아닐 수 없다. 이와 반대의 경우도 있다. 어떤 사람들은 아무리 옆에 사람이 흉을 봐도 그저 '예' '예' 하고는 자신의 일에 몰두하는 사람도 있다.

이러한 두 종류의 사람 중에 후자의 경우가 사회생활을 할 때 더 크게 성공할 확률이 높다고 이 책의 저자는 말한다. 즉 거인이나 대가는 모두 둔감하다는 것이다. 너무 예민하고 순수하면 스스로 파 놓은 함정에 빠지게 되고, 그로 인해 거인이 되지 못 한다고 한다. 둔감할 때, 우리의 재능이 팍팍 살아난다는 것이다.

너무 순수하고 민감한 사람은 아무리 재능이 있다 해도 이 세상이 그냥 놓아주지 않는 다. 그래서 이 세상으로부터 상처를 받기 쉽고, 흔들리기 쉽고, 세뇌당하기도 쉽다. 그래서 자신의 재능이 어느 정도의 수준까지 도약하기 전에 포기하게 되는 경우가 많다는 것이다.

" 각자의 분야에서 나름대로의 성공을 거둔 사람들에게는 재능은 물론이고 그 밑바닥에 반드시 좋은 의미의 둔감력이 잠재한다. 둔감. 이는 재능인 동시에 그 재능을 크게 키울 수 있는 원동력이다." < 27쪽 >

둔감한 사람들이 결국에는 대가가 되고 거인이 될 수 있다는 사실은 [린치핀]의 저자인 세스 고딘의 주장과도 일맥상통하다.

" 우리는 자신이 천재가 아니라고 지금까

지 세뇌 당한 것이 분명하다. 적당한 수준에서 일을 하고, 적당한 수준만큼 돈을 벌고, 꼭 해야 할 일만 한다. 우리가 이렇게 세뇌 당한 것은 우리가 동의했기 때문이다.”

[린치핀(Linchpin);당신은 꼭 필요한 사람인가?]의 저자인 세스 고딘의 이 말처럼, 우리는 이 세상으로부터 알게 모르게 세뇌 당한 것이 분명할 것이다. 왜냐하면 우리는 어린 아이였을 때는 분명 천재였다. 하나를 보고, 하나를 배우면, 열 개를 알았다. 하지만 이제는 그 반대가 되었다. 그 이유는 ‘우리의 마음으로부터 우리는 우리가 천재가 아니며, 우리는 절대 할 수 없다 ‘라고 생각해 버리기 때문이다. 다시 말해 우리 자신을 잃어버리고, 평범한 타인의 삶을 살아가기 때문인 것이다.

우리는 어떻게 보면, 세상을 살면서, 알게 모르게 세상이 가진 가치관에 크게 영향을 받고, 그것에 흡수되어 버리고, 심하면 세뇌 당해 버리는 것인지도 모른다. 우리는 모두 천재성을 가지고 있지만, 살면 살수록 그것을 가지고 있지 않다는 세상과 타인이 무분별하게 내 놓은 의견에 더욱 더 많은 확신을 두게 된다. 그 결과 세상이 원하는 방식이든 아니든, 우리는 우리가 천재가 아니라는 사실을 너무나 강하게 믿게 된다. 그래서 절대로 자신이 생각하게 되어 버린 그 수준 이상의 것을 시도하지 않는다. 마음으로부터 자신의 천재성을 잃어 버렸기 때문이다.

이러한 사실을 토대로 하여 살펴볼 때 둔감한 사람들보다 예민하고 순수한 사람들이 더 쉽게 세뇌를 당할 수밖에 없다. 반면 둔감한 사람들은 세상과 타인이 어떤 말을 해도 자신의 길을 둔하게 걸어간다. 그 결과 대성하게 되고, 대가가 되고, 거인으로 도약을 하게 되는 것이다.

성공을 거둔 사람들은 이 세상과 정반대로 달려 나갈 줄 아는 사람들이며, 세상이 모두 아니라고 할 때 그것이 아니라고 말할 수 있는 사람들이다. 이렇게 하기 위해서는 예민하고 순수한 사람이 아닌 둔감한 사람이 되어야 하는 것이다.

“ 성공한 사람들을 보면 반드시 공통점이 있다. 그가 갖고 있는 재능의 바탕에는 반드시 좋은 의미의 둔감력(鈍感力)이 있다는 것이다. 인간관계나 세상에 대해 약방의 감초처럼 발휘되는 그의 둔감함은 대체로 자신의 본래 재능을 더 크게 키우고 자신의 능력과 힘을 널리 퍼뜨리는 최대의 원동력이다.” < 12쪽 >

이 책의 저자는 타인으로부터 안 좋은 소리를 듣거나 상사로부터 야단을 맞아도 기죽지 않고 금세 밝게 회복하는 것도 재능이라고 말한다. 이러한 재능을 통해 명의가 된 사람의 이야기도 이 책에는 담겨 있다.

야단을 많이 맞을 수밖에 없는 것이 초짜 의사들의 일상일 것이다. 그만큼 외우고 익혀야 할 것은 무한정이지만 시간은 턱 없이 부족한 생활이기 때문이다. 이 때 항상 야단맞으면서도 ‘예, 예’ 라고 대답하면서 가볍게 넘기면서 둔감하게 의사 생활을 한 사람이 나중에는 그 분야의 최고의 명의가 되었다는 것이다. 반면에 약간의 잔소리에도 금방 얼굴색이 변하고 손끝이 파들거린 의사들은 교수들로부터 그 어떤 수술법도 제대로 배울 수가 없었기에 평범한 의사로 남게 되었던 것이다.

둔감력은 재능만을 살리는 것이 아니다. 둔감할수록 우리는 더 건강할 수 있고, 더 혈액순환이 잘 될 수 있고, 기관을 소모하는 일이 없어 보다 유유자적하며 느긋하게 오래 살 수 있다고 이 책의 저자는 주장한다. 그리고 수많은 둔감력 중에서도 그 중심이 되는 것은 잠을 잘 자고 일어나는 수면력이라고 말한다. 수면력이 없으면 건강한 몸을 유지할 수 없으며 일에 전념도 할 수 없기 때문이다.

둔감력은 또한 인간관계에서도 큰 유익이 있다. 가까운 사람이나 회사 동료의 질투나 중상모략, 괴롭힘 등에 대해서 신경을 곤두세우지 않고 느긋하고 차분하게 상대의 기분을 헤아려

주면서 둔감하게 대응하기 때문에 타인의 말이나 행동으로 인해 스스로 상처를 주거나 불필요한 분노로 인해 에너지를 낭비하는 일은 없다. 그래서 사회생활을 통해서 덜 지치고 덜 상처받는 강인한 존재가 되는 것이다.

둔감력은 우공이산의 지혜와 매우 닮아있다. 결국 대기만성의 원리가 바로 둔감력이 말하는 본질과 같을 것이다. 성공하고 싶다면 이 책을 통해 어느 정도의 둔감력을 길러 보는 것도 매우 큰 도움이 될 것이다.

" 인간이 자연에게서 거저 얻지 않고,
스스로의 정신으로 만들어 낸 수많은 세계
중에 가장 위대한 것은 冊의 세계다. "

– 헤르만 헤세 –

변혁의 시대에 자기 혁명은 선택이 아니라 필수이다.

< 꿀벌과 게릴라 >

_ 게리 해멀

" 진보의 시대는 끝났다. 르네상스 시대에 태동한 진보의 개념은 계몽주의 시대에 활발한 논의가 이루어졌고, 산업사회에 이르러 절정에 도달했다가 21세기의 도래와 함께 역사 속으로 사라졌다. 사실 수천 년이라는 영겁의 세월 동안 인류에게 진보란 없었다. 단지 역사의 순환만이 있었을 뿐이다. 시절이 변하고 세대가 바뀌었지만 삶은 나아지지 않고 유사한 형태로 끊임없이 반복되었을 뿐이다. 과거와 미래를 구

별하기 어려운 상황에서 미래는 과거의 연장일 뿐, 진정한 의미의 미래란 없었다." < 23쪽 >

이 책의 저자는 우리들에게 진보의 시대는 희망으로 시작되었지만 절망으로 종언을 고하고 있다고 말한다. 이제 지금 우리는 새로운 시대, 즉 혁명의 시대의 출반선상에 서 있다는 것이다. 21세기의 변화는 한 마디로 불연속적이고 돌발적이고 선동적이다. 한 마디로 비선형의 시대라고 한다.

이러한 변혁의 시대에 우리는 더 이상 성실과 근면만으로 생존할 수 없다는 것이 이 책의 저자의 핵심 주장이라고 할 수 있다. 바로 어제까지는 꿀벌처럼 주어진 일만 열심히 하는 것이 생존 전략이 될 수 있었지만 오늘부터는 파격적인 아이디어를 가지고 혁신을 추구하고 실천하고 행동으로 옮기는 게릴라와 같은 혁신하는 것이 생존 전략이라고 말한다.

" 오늘날 우리는 '베스트 프랙티스best

practice' 를 신봉하는 컨설턴트, 경쟁기업으로부터 스카우트된 관리자, 그리고 모든 것을 외부에서 조달 할 수 있다고 생각하는 모든 기업들로부터 파운드 단위로 지식을 구입할 수 있다. 그러나 혁명의 시대에 새로운 부를 창출하는 것은 지식이 아니라 불연속적 혁신에 필요한 기회들을 탐색할 수 있는 통찰력이다. 발견이 여행에 비유된다면 통찰력이 최종 목적지인 셈이다. 당신은 당신 스스로 선지자(seer)가 되어야 한다. 비선형의 세계에서는 비선형적인 아이디어만이 새로운 부를 창출할 것이다. 대부분의 기업들은 아주 오래 전에 점진적인 개선 프로그램을 통해 수확체감의 정점까지 도달하였다. 지속적인 개선은 산업시대의 개념이다. 물론 지속적인 개선이 향상이 없는 상태보다는 낫지만, 이는 혁명의 시대에는 한계적 가치에 불과하다. 급진적이고 비선형적인 혁신만이 산업마다 수익창출의 여지가 점점 더 줄어드는 냉엄한 무한 경쟁상황을 벗어날 수 있는 유일한 방법이다. 비선형적인 혁신은 기업으로 하여금 임기응변식 대응방식을 탈피해 고객의 욕구에 대

응하는 근본적인 해결책을 상상하도록 요구한 다." < 37 ~38쪽 >

진보의 시대가 끝난 이 시대에 새로운 부를 창출하지 않는 다면 더 이상 우리는 필요한 존재가 아니다. 불필요한 존재에서 다시 필요한 존재가 되기 위해서는 꿀벌에서 게릴라가 되듯, 근면과 성실을 뛰어넘는 혁신과 창조가 필요하다. 혁명의 시대에는 자신을 초개처럼 버릴 수 있는 부지런한 군인과 꿀벌이 필요한 것이 아니라 자율적이고 창의적인 게릴라가 필요한 것이다.

당신이 꿀벌인지 게릴라인지를 잘 판단할 수 있게 해 주는 말들이 무엇일까? 이 책의 저자는 당신이 하고자 하는 일들을 이런 말들이 잘 기술해 줄 수 있는 지 묻는 다. ' 꿈꾸고, 창조하고, 탐색하고, 발명하고, 도전하고, 상상하라 ' 와 같은 말들이 당신의 일과 당신을 잘 설명해 줄 수 있는 말이라면 당신은 쓸모 있는 존재이다.

우리가 꿀벌이 아닌 게릴라가 되어야 하는 이유 중에 하나는 무엇일까? 그것은 지금처럼 기회가 사방을 자유롭게 돌아다녔던 적은 어느 시대에서도 찾아보기 어려울 것이기 때문이다. 이런 기회의 시대에 꿀벌처럼 꿀만 찾아다니는 것보다 게릴라처럼 혁신하고 창조하고 상상하고 탐색하고 도전하고 발명하는 것이 수 백 배 더 큰 수입과 보상을 가져다주기 때문이다.

컴퓨터 산업을 뒤엎은 빌 게이츠, 전통적인 판매 방식을 뒤엎은 마이클 델, 커피만 판매하는 기존의 커피 전문점의 개념을 뒤엎은 스타벅스 등은 세계를 점령했고, 엄청난 성장을 했다. 그 모든 것이 바로 게릴라처럼 혁신하고 새로운 것을 창조하고 상상하고 도전했기 때문이다.

꿀벌의 가장 큰 문제점은 시대가 완전하게 바뀌었음에도 불구하고 오래전부터 해오던 방식을 고집하고, 오래전부터 해오던 일을 변함없이 한다는 것이다. 여기에는 절대로 혁신과 창조가 필요 없다. 꿀벌은 늘 하던 대로 하면 되기 때문이다. 하지만 혁명의 시대에는 더 이상 어제의 방식, 어제의 일을 필요로 하지 않는다. 새로운 시대에는 새로운 방식과 새로운 유형의 일을 해야 한다. 그것이 이 책의 핵심 주장이기도 하다. 그리고 그렇게 하는 사람이 바로 게릴라이며 혁신가인 것이다.

이렇게 혁신가가 되기 위해서 자기 자신의 선지자가 되어야 한다고 이 책의 저자는 주장한다. 기업이나 사람이 미래를 창조하는 데 실패하는 이유는 그들이 미래를 예측하지 못하기 때문이 아니라 상상하지 못하기 때문이다. 또한 혁신적인 관점 없이는 혁명가가 될 수 없다. 그렇기 때문에 남과 다르게 보고, 다르게 되어야 한다. 남과 다르게 보고 다르게 되기 위해서는 친숙한 것들로부터 벗어날 수 있어야 한다.

혁명가의 전략의 핵심은 다양성이다. 그래서 새로움의 중독자가 되어야 한다. 변화의 차이를 탐색하고 발견해야 한다. 불연속성을 찾아서 그

간격을 더 벌릴 수 있는 포인트를 찾아야 한다. 항상 변화하는 것을 찾는 자가 진정한 혁명가이다. 그저 열심히만 해서는 안 된다. 조금 더 깊게 파고들어야 한다. 그렇게 할 때 변화의 차이를 발견할 수 있기 때문이다.

절대로 시키는 일만 하지 말아야 한다. 절대로 어제 했던 그 방식만을 고집해서는 안 된다. 절대로 어제 했던 그 일만 해서는 안 된다. 오늘은 어제와 달라야 한다. 뭔가가 달라도 달라야 한다. 우리는 지금 혁명의 시대의 출발선에 서 있기 때문이다. 20세기를 한 마디로 '진보의 시대'라고 말하고, 우리가 살아가고 있는 21세기를 '혁명의 시대'라고 말하는 이 책의 저자는 더 이상 어제도 쫓지 말고, 타인도 쫓지 말라고 조언한다.

새로운 자기만의 길을 개척하고 그 길을 가라고 조언한다. 그것이 참다운 게릴라의 길이기 때문이며, 이 시대에 쓸모 있는 사람이 되는 길이라고 말한다. 비즈니스의 세계에서만이 어제의 성공 공식이 더 이상 통용되지 않고, 효과가 없어지는 것이 아니다. 개인의 삶에서도 이러한 사실은 그대로 통용된다.

과거의 성공 공식은 남들 하는 것을 잘 보고 그대로 따라 하는 것이고, 시키는 일만 잘 하는 것이었다. 그렇게 하면 적어도 모난 돌이 되지 않을 수 있고, 적어도 퇴출당하지는 않는다. 적어도 먹고 살 수는 있다. 하지만 이제는 더 이상 어제의 안전한 생존 전략이 유효하지 않다. 폐기 처분시켜야 할 구닥다리 성공 공식이 되어버린 것이다.

이 책은 우리들에게 이제부터의 성공 공식은 '이단자가 되는 것' 이라고 말한다. 그렇다면 진보의 시대가 아닌 혁명의 시대에 당신이 실패한 것은 어쩌면 과거의 성공 공식을 그대로 준수했기 때문인지도 모른다. 그렇기 때문에 오늘부터는 이단자가 되고, 튀는 자가 되어야 한다.

" 당신에게 가장 필요한 책은 당신으로 하여금
가장 많이 생각하게 하는 책이다."

_ 마크 트웨인.

약자는 기회를 기다리지만, 강자는 기회를 만든다.

< 성공학 >

_ 천따웨이

" 약자는 기회를 기다리지만, 강자는 기회를 만든다. 당신의 일생 중에서 특별한 기회를 만날 가능성은 백분의 일도 되지 않는다. 그러나 사실 기회는 늘 우리 앞에 놓여 있다. 단지 그 기회를 잡아 자신만의 특별한 기회로 만들지 못하는 것뿐이다. 그러므로 당신이 해야 할 일은 단 하나다. 바로 '행동' 이다." <20 ~21쪽>

영국의 철학자 프랜시스 베이컨은 현명한 사람이란 기회를 기다리지 않는 사람이며, 기회를 찾고, 기회를 장악하고, 기회를 정복하며 기회를 자신의 노예로 만드는 사람이라고 말 한 적이 있다. 그렇다면 당신이 지금까지 성공하지 못한 이유 중 하나는 기회를 기다리기만 했기 때문이 아닐까?

이 책은 우리들에게 어떻게 하면 성공을 할 수 있을 지에 대해 성공학의 대가 10인의 책과 주장을 토대로 하여 성공하기 위해 알아야 할 모든 것을 담아 놓은 책이다. 그래서 실패에 지친 이들에게는 새로운 희망과 용기를 심어줄 뿐만 아니라 제대로 성공할 수 있는 길과 방법을 찾아서 그 길을 당당하게 거침없이 걸어갈 수 있게 도와주는 책이다.

이 책에는 오리슨 S. 마든을 시작으로 해서 데일 카네기, 나폴레온 힐, 새무얼 스마일즈, 앤서니 라빈스, 짐 도넌, 오그 만디노, 발타자르 그라시안에 이르기 까지 쟁쟁한 성공학의 대가들의 성공하는 방법과 성공 철학에 대해 모두 살펴 볼 수 있도록 총 망라되어 있다. 그래서 세계 최고의 성공학의 정수가 이 책 한 권에 다 담겨 있다고 보아도 무방할 것이다.

첫 번째로 소개되는 오리슨 S. 마든은 기회를 기다리는 자는 실패자들이고, 성공자들은 기회를 찾아내고, 발견하고, 심지어 기회를 만들어 낸다고 까지 말한바 있다.

" 약자는 기회를 기다리지만, 강자는 기회를 만든다. 당신의 일생 중에서 특별한 기회를 만날 가능성은 백분의 일도 되지 않는다. 그러나 사실 기회는 늘 우리 앞에 놓여 있다. 단지 그 기회를 잡아 자신만의 특별한 기회로 만들지 못하는 것뿐이다. 그러므로 당신이 해야 할 일은 단 하나다. 바로 '행동' 이다."

< 20 ~21쪽 >

기회를 발견하기 위해서는 행동가가 되어야 한다고 조언해 준다. 그래서 게으른 사람들과 행

동하지 못 하는 우유부단한 사람들에게는 늘 기회가 없다고 말한다.

우유부단한 사람들은 자신의 우유부단함과 게으름이 시간을 무한정으로 잡아먹고 있다는 사실을 망각한 채 늘 시간이 없다고 한을 원망하고 불평한다. 하지만 성공하는 사람들은 자신의 일을 다 하고도 시간이 남을 만큼 결단력 있고, 행동력이 있는 사람들이다.

오리슨 S. 마든은 성공의 필수 조건으로 재능보다 지혜와 기지를 손꼽는다. 왜냐하면 재능의 위력은 기회를 발견하고 활용하는 지혜만 못 하기 때문이다.

재능은 난관에 봉착할 수도 있지만 기지는 난관을 극복해 내게 해 주기 때문이다. 또한 재능이 부족하다고 해도 기지가 있는 사람들은 기회를 이용해서 부족한 재능을 보충할 수 있다.

재능은 무엇을 해야 하는 가를 알게 하지만, 기

지로는 어떻게 해야 하는가를 알 수 있게 해 준다.

또한 그는 우리가 인생에서 방황을 하고 헤매는 이유는 확고한 목표가 없기 때문이라고 말한다. 그래서 목표를 정하는 것이 무엇보다 중요하다고 조언해 준다.

" 인생에서 가장 중요한 것은 현재 우리가 처해있는 위치가 아니라 앞으로 나아가야 할 방향이다. 다시 말해, 자신이 가장 발전할 수 있는 방향을 발견해야 하는 것이다.

이 방향은 세상에서 가장 빛나는 길이 아니라, 자신의 마음을 가장 많이 끌어당기는 길이다. 자기 인식이 명확할수록 바른 방향을 선택할 가능성도 커지며, 선택한 방향이 정확할수록 성공을 획득할 가능성은 더욱 커진다." < 32쪽 >

미국이 낳은 세계적인 성공학자로 성공학의 아버지로 불리는 나폴레온 힐도 성공의 출발점은 명확한 목표라고 말하면서 목표의 중요성에 대해 강조한 바 있다. 수많은 사람들의 실패 원인은 애초부터 그들에게는 명확한 목표라는 것이 없었고, 그저 하루하루 열심히 살아가는 수준에 머물기 때문이라는 것이다.

필자가 가장 좋아하는 새무얼 스마일즈는 '하늘은 스스로 돕는 자를 돕는다' 란 유명한 말을 남겼다.

자신을 스스로 돕기 위해서는 무엇보다도 자신을 믿어야 한다. 그렇기 때문에 자신감은 모든 성공의 기초가 되는 마음이다.

자신감은 모든 두려움과 부정적인 생각을 초월하고 극복해 내는 마음이며, 어떤 상황에서도 한 걸음을 내디딜 수 있도록 해 주는 원동력이다.

하늘도 이러한 사람을 막을 수 없을 뿐만 아니라 도와 줄 수밖에 없는 것이다.

26세의 앤서니 라빈스는 198cm가 넘는 큰 키에 10평 남짓한 독신자 아파트에서 비만인 몸을 이끌고 설거지나 하는 고달픈 신세였고, 주변 사람들과의 인간관계도 나빴고, 장래조차 불투명한 그런 청년이었다.

그는 이런 상황에 굴복하지 않았다. 그는 스스로 돕는 자가 되었고, 그 결과 하늘도 도와줌으로써 세계최고의 성공학 강사가 되어, 하루 강연료가 8억 이상이 될 정도로 유명한 강사가 되었던 것이다. 그로 하여금 엄청난 성공을 할 수 있게 해 준 것은 바로 '성공의 무한 잠재력'이었던 것이다.

그는 자신 안에 있는 마음 속 거인을 깨워서 자신의 운명의 주인이 되었던 것이다.

가난과 부, 성공과 실패는 모두 우리의 사고와 생각의 부산물이라는 점을 그는 깨달았고, 모든 것은 우리의 잠재의식 속에서 비롯된다는 사실을 확신했던 것이다.

“ 나에게도 원대한 이상은 있다. 그런데 왜 그것이 진짜라고는 믿지 못할까? 나는 나에게 충분한 능력이 있다고 생각한다. 하지만 어떻게 발휘하는지는 왜 모르는 걸까? 당신은 누구보다 강하며 당신의 꿈 그 종착역까지 비약할 수 있다.

당신의 마음 속 거인을 깨우자! 그리고 기억하자. ‘나는 내 운명의 지배자다. 나는 내 영혼의 선장이다. 나는 내 운명의 주인이다.’ ” < 217쪽 >

인간이 가진 최고의 무기는 바로 생각이다.

인간이 가진 최고의 에너지는 바로 생각이다. 인간이 가진 최고의 창조력은 바로 생각이다. 생각은 외부 환경의 힘에 제어 받지도, 포위되지도 않는다.

생각은 어떤 시련과 역경과 환경 속에서도 굴복당하지 않는 유일한 것이다. 그래서 위대한 위인 중에서는 '생각만으로 부자가 될 수 있다' 는 사실에 대해 의심하지 않는 사람들이 적지 않다.

그중에 한 명이 바로 에드윈 번즈이다. 그는 '에디슨과 동업할 것이다' 라는 확고한 생각을 가지고 있었다. 하지만 그에게는 현실적으로 두 가지 문제가 있었다.

첫 번째는 그는 전혀 에디슨과 친분이 없다는 것이고 두 번째는 그에게는 에디슨이 있는 뉴저지로 갈 차비조차 없었다는 것이다.

대부분의 사람은 이 두 가지 문제에 봉착하는 순간 의기소침해져 시도조차 하지 않을 것이다. 하지만 그는 결국 에디슨의 동업자가 되었고, 위대한 기업가가 되었다.

이 책은 이처럼 우리가 성공하기 위해 필요한 조건들과 마음 자세에 대해 모두 담아 놓았다. 그렇기 때문에 성공학에 대한 정수를 경험하고 싶다면 이 책을 꼭 읽어 보기를 권해 주고 싶은 것이다.

" 책은 내 마음 속의 언 바다를 깨는 도끼와도 같다. "

– 프란츠 카프카 Franz Kafka –

## 에필로그 _ 책은 삶의 특권이며 최고의 사치이며 향락이다.

‘인생을 바꾸는 것은 재능이 아니라 독서이다.’

빌 게이츠, 워렌 버핏, 오프라 윈프리, 스티브 잡스, 손 정의, 조지 소로스, 마오쩌둥, 존 스튜어트 밀, 세종 대왕, 나폴레옹 의 공통점은 독서가 그들의 삶을 도약시켜 놓았다는 것이다.

이들은 모두 남들보다 훨씬 더 많은 독서를 한 사람들이다. 그리고 그 결과 평범한 사람들보다 훨씬 더 많은 업적을 달성해 낸 사람들이다.

모든 성공은 자기 자신에게서 비롯된다. 그리고 그 자신은 자기가 읽은 것에 의해서 완성된다. 결국 모든 성공은 자신이 읽은 것을 통해 비롯되는 것이다.

독서를 한다는 것은 삶의 특권이다.

독서만큼 경제적인 것은 없기 때문이다. 독서만큼 쉽고 편하면서 최대의 효과를 가져다주는 것은 없기 때문이다. 독서만큼 우리에게 많은 생각의 재료를 주는 것은 없다. 독서만큼 우리의 삶을 풍요롭게 해 주고 윤택하게 해 주는 것은 없기 때문이다. 독서만큼 우리 자신을 도약하게 해 주는 것도 이 세상에는 없기 때문이다. 독서만큼 이 세상을 통찰할 수 있는 안목을 제공해 주는 것도 없기 때문이다. 독서만큼 우리에게 기쁨과 위안을 주는 것은 없기 때문이다.

누군가 만들어놓은 길을 가는 것은 쉽다. 하지

만 그 길은 망하는 길이다. 아무도 만들어 놓지 않은 새로운 길을 우리는 가야 한다. 하지만 그 길은 매우 힘들고 어렵다. 그래서 독서가 필요한 것이다. 많은 책을 통해 우리는 의식과 사고를 도약시켜야 하고, 그 결과 자신만의 새로운 길을 개척할 수 있다. 그리고 그 길은 성공하고 번영하는 길이 되는 것이다.

우리를 최고의 자리로 이끄는 것은 무조건 열심히 일하는 것이 아니다. 우리를 최고의 자리로 이끄는 것을 자신에게 가장 맞는 올바른 일을 선택하고, 그 일을 가장 현명하고 효율적으로 하는 것에서 비롯된다. 이러한 올바른 일과 올바른 방법을 발견하고 찾아내기 위해서 우리에게 필요한 것은 바로 독서이다. 독서를 통해 우리를 찾을 수 있고, 세상을 내다볼 수 있게 되기 때문이다.

독서를 한다는 것은 최고의 사치이며, 향락이다.

이 세상에서 독서만큼 우리에게 중독을 일으키는 것도 없다. 독서의 맛을 제대로 경험한 사람들은

자신의 아내를 팔아서 책을 사고, 자신의 집을 팔아서 책을 산다. 독서에 한 번 제대로 중독된 사람은 밥을 먹으면서도 책을 손에서 놓을 수 없고, 다니던 직장을 포기하고서라도 책을 읽어야만 한다. 독서에 중독된 사람들은 먹을 쌀이 없어도 돈이 생기기만 하면 밥을 사 먹는 것이 아니라 책을 산다. 이것이 바로 책의 중독성이다.

책이 이렇게 중독성이 강한 이유는 무엇일까? 그것은 바로 책은 최고의 사치이며 향락이기 때문이다. 과거에는 책을 읽을 수 있었던 신분은 왕이나 귀족이나 선비였다. 이들은 모두 선택받고 축복받은 계층이었다. 과거 한 때에는 책을 읽는 것이 금지되었고, 몇몇 특권을 부여 받은 사람만이 책을 읽을 수 있기도 했다.

많은 사람이 독서를 하지 않는 이유는 독서의 맛을 제대로 경험해 보지 못했기 때문이다. 하지만 어떤 사람이라도 독서의 맛을 제대로 한 번이라도 경험하게 되면, 그다음부터는 절대 독서의 중독에서 빠져나올 수가 없게 된다. 결국 평생 독서를 하는 삶을 살아가야 하게 되는 것이다.

필자가 백수와 전업 남편에서 작가가 될 수 있었던 것은 엄청난 양의 독서를 집중적으로 했기 때문이다. 즉 필자의 모든 경쟁력의 대부분은 3년 동안 독서에 집중적으로 투자한 노력의 결과물이라고 할 수 있다. 그래서 필자는 독서의 위력에 대해서 거의 신앙에 가까운 확신을 갖고 있다. 필자에게 새로운 인생을 열어 준 것은 다름 아닌 독서였다. 독서를 하지 않았다면 필자는 지금도 백수였을 것이고, 전업 남편으로 집안일에 매여 사는 남자였을 것이다.

독서는 삶의 최고의 특권이며, 우리가 누릴 수 있는 향락이며, 최고의 사치라고 말하는 이유가 바로 이것이다.

인생에 지쳐 길을 잃고 방황할 때 우리가 할 수 있는 최고의 선택은 또한 독서이다. 책 속에 우리의 길이 있고, 우리의 힘이 있고, 우리의 미래가 있고, 우리의 사유가 있다. 인생을 살다 보면 결정적인 순간을 맞이하게 된다. 바로 그 때 우리가 상황에 잘 들어맞는 책을 읽을 수 있다면 그것보다 더 유익한 것도 이 세상에 없을 것이다.

이 책이 많은 사람에게 유익한 지침서가 되어주는 이유 중 하나는 독서하는 방법을 제대로 알고 있는 사람들이 그렇게 많지 않다는 것이다. 평생 책을 읽었고, 심지어 책을 쓴 위대한 작가이기도 한 괴테는 이런 의미심장한 말을 남긴 적이 있다.

" 나는 독서하는 방법을 배우기 위해서 80년이라는 세월을 바쳤는데도 아직까지 그것을 다 배웠다고 말할 수 없다."

이처럼 독서라는 것은 우리가 생각하는 것만큼

저절로 되는 것이 아니다. 특히 좋은 책은 선택하는 방법을 배우는 것은 더더욱 어려운 기술이라고 할 수 있다. 그런 점에서 이 책은 매우 유익한 책이 될 것이다.

이 책을 통해 우리는 삶의 결정적 순간을 최고의 순간으로 만들 수 있다. 이것이 이 책의 가장 큰 유익함이다. 이 책을 통해 눈부신 미래를 펼쳐 나가기를 기원한다.

판권

초판 인쇄: 2025년 12월 20일
초판 발행: 2025년 12월 20일

펴낸이: 김병완
펴낸곳: (주) 플랫폼연구소

출판등록: 제 2020-000075호

이메일: pflab2020@naver.com

주소:서울시 강남구 삼성동 116 백우빌딩 402호

ISBN 979-11-24195-33-8(03190)